CHÈRE,

Que le Tout-Puissant vous bénisse, vous et votre famille, de sa bénédiction.

Anges & Jinn; Qui sont-ils?
Publié par Éditions Hidayah

ISBN: 978-1-998843-06-0

LES CRÉATURES D'ALLAH(S.W.T) DANS L'UNIVERS

Dans l'islam, les musulmans croient en l'existence de toutes les créatures qu'Allah(S.W.T.) a créées, qui, outre l'humanité et le règne animal, comprennent les djinns et les anges. Les djinns et les anges existent parallèlement aux êtres humains, et il y a des interactions entre eux. Cependant, nous ne pouvons pas les voir ; c'est pourquoi on les appelle des "créatures invisibles". Grâce aux deux sources de preuves authentiques de l'Islam, le Coran et les Hadiths (actes et paroles enregistrés du Prophète Muhammad ﷺ), nous disposons d'informations véridiques sur l'histoire et les caractéristiques de ces êtres.

ANGES

NATURE ET APPARENCE

Les anges, "malaikah" en arabe, sont une création d'Allah[(S.W.T)] et sont faits de "Noor (lumière)". Ils ont été créés avant l'humanité, suivant toujours les ordres d'Allah[(S.W.T)]. Allah Tout-Puissant n'a pas besoin de ces créatures, mais le fait de les connaître et de croire en elles ajoute à la crainte que l'on éprouve envers Dieu ; en effet, la magnificence de sa création est une preuve de la magnificence du Créateur. Les anges sont des créatures obéissantes par nature, car ils ne dévient pas de l'obéissance aux directives de Dieu ; ils n'ont pas de libre arbitre et sont donc exempts de tout péché. Il n'existe pas de concept d'"anges déchus" dans l'islam, car ils ne désobéissent jamais aux ordres d'Allah. Ils ne sont ni les associés de Dieu dirigeant les différents districts de l'univers, ni des objets à vénérer ou à prier. Ils se soumettent tous à Allah[(S.W.T)] et exécutent ses ordres dans le monde invisible et physique. Ils n'ont pas non plus de famille et n'ont pas besoin de dormir, de manger ou de boire.

Le Coran dit :

" Devant Allah se prosternent ce qu'il y a dans les cieux et toute créature sur terre ; les Anges eux-mêmes (le font) et ne montrent aucun orgueil." (Surah An-Nahl, V:49)

"qui ne désobéissent jamais aux ordres d'Allah et exécutent ce qu'Il leur enjoint (de faire)."
(Surah At-Tahrim, V:6)

Les anges aiment les croyants et ceux qui font de bonnes actions et implorent Allah de leur pardonner leurs péchés. Ils ne se lassent pas d'adorer Allah[(S.W.T)] :

"Ils Lui rendent gloire nuit et jour et sans s'interrompre jamais." (Suran Al-Anbya, V:20)

Le Coran et les hadiths nous rapportent plusieurs faits et l'apparence unique des anges. Ils ont agi en tant que messagers de Dieu et ont communiqué avec les différents prophètes d'Allah sous forme humaine.

"Louange à Allah, Créateur Premier des cieux et de la terre, Qui fit des Anges des émissaires dotés de deux, trois ou quatre ailes. Il ajoute à Sa création ce qu'Il veut. Allah est de Toute chose Infiniment Capable." (Surah Fatir, V:1)

Certaines de leurs caractéristiques sont :

- Ils ne sont ni masculins ni féminins.

- Ils peuvent prendre la forme d'humains.

- Ils ont des ailes, parfois par paires de deux, trois ou quatre.

- Ils sont extrêmement beaux, sauf l'ange de la mort.

Seul Dieu connaît le nombre total d'Anges dans l'univers ; sept cieux et terre confondus. Mais selon certains hadiths, nous pouvons estimer qu'il y a beaucoup d'anges assignés à des tâches spécifiques par Allah(S.W.T). Dans un hadith sur Miraj; le voyage nocturne et l'ascension vers les cieux du Messager d'Allah ﷺ, le Saint Prophète ﷺ a dit:

"Ensuite, on m'a montré Al-Bait-al-Ma'mur (c'est-à-dire la Maison d'Allah). J'ai demandé à Jibrael(A.S) ce qu'il en était, et il m'a répondu : "C'est Al Bait-ul-Ma'mur où 70 000 anges accomplissent des prières chaque jour, et lorsqu'ils en sortent, ils n'y reviennent jamais (mais un nouveau lot y entre chaque jour)." (Sahih Bukhari 3207; Sahih Muslim 164)

"Tu disais alors aux croyants : "Ne vous suffit-il donc pas que votre Seigneur vous ait envoyé en renfort trois mille Anges descendus (du Ciel) ?"
(Surah Al-Imran, V:124)

LA SIGNIFICATION DE LA CROYANCE AUX ANGES DANS L'ISLAM

"Le Messager a cru en ce qu'a fait descendre sur lui (en révélation) son Seigneur, et les croyants ont tous cru en Allah, en Ses Anges, Ses livres et Ses Messagers : "Nous ne faisons nulle différence entre Ses Messagers", (ont-ils dit). Et ils ont dit aussi : "Nous avons entendu et nous avons obéi. Ta Clémence, Seigneur ! Car c'est vers Toi que sera le devenir." (Surah Al-Baqarah, V:285)

Les six croyances de l'islam sont les croyances fondamentales que tout musulman tient pour vraies. Parmi ces six, la croyance aux anges, telle que mentionnée dans le Coran et les hadiths authentiques du Saint Prophète ﷺ, est une partie indispensable nécessaire à l'achèvement de la foi musulmane. En Islam, les six croyances de la foi sont les suivantes :

- *Tawhid* - Croyance en l'unicité d'Allah

- *Malaika* - Croyance en l'existence des anges d'Allah

- Croyance dans les livres saints d'Allah; Zabur, la Torah, l'Évangile, et le Coran

- *Nubuwwah and Risalah* - Croyance en tous les prophètes d'Allah, du Prophète Adam(A.S) au Prophète Mohammed ﷺ.

- Croyance dans le Jour du jugement; un jour viendra où tous les êtres humains qui ont existé seront jugés par Allah pour leurs actions durant leur vie sur terre.

- Croyance en la prédestination (destin/décret divin) - l'idée qu'Allah sait tout

ANGES MENTIONNÉS DANS LES RÉFÉRENCES ISLAMIQUES

Plusieurs anges sont mentionnés par leur nom dans le Coran et les Hadiths, avec une description de leurs responsabilités :

JIBRAEL (A.S) (GABRIEL)

Jibrael(A.S) est l'ange chargé de communiquer les paroles d'Allah à ses prophètes. Dans l'islam, l'ange Jibrael(A.S) est le transmetteur de bonnes nouvelles. Il est mentionné à la fois dans le Coran et dans les Hadiths. Il a révélé les paroles d'Allah sous la forme du Coran au prophète Muhammad ﷺ, ce qui lui vaut d'être également appelé l'ange de la révélation. D'autres noms pour Jibrael(A.S) mentionnés dans le Coran sont Al-Ruh (esprit) et Al-Ruh-al-Ameen (esprit digne de confiance).

"Dis : "Tout ennemi de Gabriel (doit savoir que) c'est lui qui l'a fait descendre1 (en révélation) sur ton cœur par la permission d'Allah pour confirmer (les Écritures) précédentes, servir de juste guide et annoncer l'heureuse nouvelle aux croyants." (Surah al Baqara, V:97)

L'ange Jibrael(A.S) est également apparu à Syeduna Maryam(A.S) (connue sous le nom de Marie dans le christianisme). Elle était la mère du Prophète Isa(A.S) (connu sous le nom de Jésus dans le christianisme) et considérée comme la femme la plus respectée, au-dessus de toutes les autres femmes dans le Coran.

"Et celle qui sut garder sa chasteté. Nous insufflâmes en elle de Notre Esprit et fîmes d'elle et de son fils un Signe pour tout l'Univers."
(Surah Al-Anbya, V:91)

Il est raconté dans de nombreux Hadiths que Jibraël(A.S) a rendu visite au Saint Prophète ﷺ en présence des compagnons, sous la forme d'un homme aux vêtements blancs et aux cheveux très noirs. Il est également raconté dans un Hadith que le Prophète Muhammad ﷺ a vu Jibrael(A.S) dans sa forme (originale) deux fois, et qu'il avait six cent ailes. (Sahih Muslim 174c)

MIKAEEL(A.S) (MICHAEL)

Mikaeel(A.S) est chargé de la distribution des pluies et de la subsistance partout où Allah(S.W.T) le souhaite. Il est mentionné une fois dans le Coran:

" Celui qui est l'ennemi d'Allah, de Ses Anges, de Ses Messagers, de Gabriel et de Michaël, (qu'il sache qu') Allah est l'ennemi des mécréants." (Surah al Baqara, V:98)

Les compagnons(R.A) de l'Apôtre d'Allah ﷺ ont vu Mikaeel(A.S) sous forme humaine lors de la bataille de Uhud. Il est rapporté que:

"Sa'ad(R.A) a rapporté que le jour de Uhud, j'ai vu à droite et à gauche du Messager d'Allah ﷺ deux personnes, vêtues de vêtements blancs et que je n'ai pas vu avant ni après cela, et ils étaient Jibrael et Mikaeel (qu'Allah soit satisfait d'eux deux)." (Sahih Muslim ; 2306a)

ISRAFEEL(A.S) (RAPHAEL)

Après la mort, les musulmans croient que l'âme entre dans le "Barzakh", un état d'attente jusqu'au jour du jugement. Les musulmans considèrent la vie sur terre comme un test d'Allah(S.W.T) et leurs actes seront pesés le jour du Jugement. Ce jour-là, l'univers entier sera détruit, puis tous les êtres seront ressuscités pour être jugés par Allah(S.W.T). Israfeel(A.S) est l'ange qui est chargé de souffler dans la trompette le jour du jugement. La trompette sera sonnée à deux occasions différentes, signalant le début du Jour du Jugement. Le premier coup provoquera la mort de toute la création, à l'exception de ceux qu'Allah épargnera, et le second les fera ressusciter d'entre les morts. Bien que le nom d'"Israfeel" n'apparaisse pas dans le Coran, il est fait mention à plusieurs reprises d'un ange-trompette anonyme supposé identifier ce personnage. Allah(S.W.T) a révélé ces événements dans le Coran sous la forme suivante:

"Le jour où il sera soufflé dans le Cor, alors que ceux qui sont dans les cieux et sur terre seront saisis d'effroi - hormis ceux qu'il plaira à Allah d'excepter. Tous viendront vers Lui, humbles et soumis."
(Surah al Naml, V:87)

"Il sera soufflé dans le Cor, et voilà que, (sortis) des tombes, ils accourront tous vers leur Seigneur." (Surah Al-Yasin, V:51)

"Ce jour-là, ils suivront celui qui les appellera (au Jugement). Il n'y aura aucun détour (pour le fuir). Les voix se feront toutes basses devant le Tout Clément, et tu n'entendras que murmures." (Surah Al-Ta'ha, V:108)

"Détourne-toi donc d'eux ! Le jour où le Héraut annoncera une chose terrifiante, les regards humbles de crainte, ils sortiront des tombes comme sauterelles dispersées, tous précipités vers (l'origine de) l'appel. "C'est un jour pénible !", diront les mécréants." (Surah Al-Qamar, V:6-8)

IZRAEL^(A.S) (AZRAEL)

Izrael[A.S] est celui qui prend les âmes avec l'ordre d'Allah[S.W.T]. Il est mentionné dans le Coran et les Hadiths comme "Ange de la mort".

"Dis : "L'Ange de la mort, qui a été chargé de vous, reprendra vos âmes, puis vers votre Seigneur vous serez ramenés." (Surah al Sajda, V:11)

"Et lorsque la mort atteint l'un de vous, Nos messagers (les Anges) enlèvent son âme sans aucune négligence." (Surah al An'am, V:61)

Il a été rapporté que le Messager d'Allah ﷺ a dit:

"Parmi les gens qui ont précédé votre génération, il y avait un homme que l'ange de la mort a visité pour capturer son âme. (Ainsi, son âme fut capturée) et on lui demanda s'il avait fait une bonne action'. Il répondit : "Je ne me souviens pas d'une bonne action". On lui a demandé d'y réfléchir. Il dit : 'Je ne me souviens pas, sauf que j'avais l'habitude de commercer avec les gens du monde et j'avais l'habitude de donner un répit aux riches et de pardonner aux pauvres (parmi mes débiteurs). Alors, Allah l'a fait entrer au Paradis." (Sahih Bukhari Hadith No. 3451)

KIRAMAN KATIBIN

Ce sont les anges désignés par Allah$^{(S.W.T)}$, qui enregistrent les bonnes et mauvaises actions de chacun. Raqeeb est l'ange qui s'assied sur l'épaule droite pour enregistrer les bonnes actions, et Atid est l'ange qui s'assied sur l'épaule gauche pour enregistrer les mauvaises actions.

"Deux (Anges) chargés de recueillir (ses œuvres) les recueillent, assis l'un à gauche et l'autre à droite., Il ne profère aucune parole sans qu'un observateur prêt (à l'enregistrer) ne soit à ses côtés." (Surah Qaf, V:17-18)

" Et pourtant, vous tenez la Rétribution pour imposture. Des gardiens sont là à vous surveiller, qui sont de nobles scripteurs, sachant bien ce que vous faites."
(Surah Al-Infitar, V:9-12)

" Et Il est le Dominateur Suprême au-dessus de Ses serviteurs. Et Il envoie sur vous des gardiens."
(Surah Al-An'am, V:61)

Ils enregistrent chaque détail de la vie de la personne à laquelle Allah$^{(S.W.T)}$ les a assignés ; chaque pensée et sentiment dans l'esprit de la personne, chaque mot que la personne communique, et chaque action que la personne fait. Le jour du jugement, Kiraman Katibin présentera à Allah les dossiers historiques de la personne. Le fait qu'Allah envoie une personne au Paradis ou en Enfer pour l'éternité dépendra alors de ce que montreraient les dossiers ; ce qu'elle a pensé, communiqué et fait pendant sa vie terrestre. En effet, Allah$^{(S.W.T)}$ est le plus miséricordieux.

MUNKAR & NAKEER

Après la mort, deux anges interrogeront les âmes dans la tombe sur leur foi et leurs actes. Abu Huraira$^{(R.A)}$ a rapporté que le Messager d'Allah ﷺ avait dit,

"Lorsque le mort est enterré, deux anges noirs et bleus, l'un appelé al-Munkar et l'autre an-Nakeer, viennent le voir et lui demandent quelle opinion il avait de cet homme (le Prophète Muhammad ﷺ). S'il est croyant, il répond : "Il est le serviteur et le messager d'Allah. Je témoigne qu'il n'y a pas d'autre dieu qu'Allah et que Muhammad ﷺ est son serviteur et son apôtre.' Ils disent qu'ils savaient qu'il allait dire cela. Un espace de 4900 coudées carrées (une coudée est une distance entre le coude et le bout du majeur) est alors aménagé pour lui dans sa tombe, on l'éclaire pour lui, et on lui dit de dormir. Il exprimera alors le désir de retourner auprès de sa famille pour le leur dire mais on lui dira de dormir comme un jeune marié qui n'est réveillé que par le membre de sa famille qui lui est le plus cher jusqu'à ce qu'Allah le ressuscite de son lieu de repos. " (Mishkat al-Masabih ; 130)

MALIK & RIDWAN

Malik est un ange qui est le gardien de l'enfer. Il est raconté dans un hadith que le Saint Prophète ﷺ l'a vu la nuit du Mai'raj (le voyage nocturne du Prophète(A.S) de la Mecque vers les cieux). De même, Ridwan est l'ange qui sert de gardien des cieux.

"Ô vous qui avez cru ! Préservez vos personnes et vos familles, d'un Feu dont le combustible sera les gens et les pierres, surveillé par des Anges rudes, durs, ne désobéissant jamais à Allah en ce qu'Il leur commande, et faisant strictement ce qu'on leur ordonne." (Surah Tahrim, V:6)

HAFAZA (LES ANGES GARDIENS)

Ces anges protègent les humains contre les méfaits des djinns ou des démons. Chaque personne se voit attribuer quatre anges Hafaza, dont deux veillent le jour et deux la nuit.

"Il [l'homme] a par devant lui et derrière lui des Anges qui se relaient et qui veillent sur lui par ordre d'Allah." (Surah Ar-Ra'd, V:11)

Allah(S.W.T) peut envoyer des anges gardiens pour protéger les gens contre tout type de préjudice : physique, mental, émotionnel ou spirituel. Ainsi, en récitant ce verset du Coran, les musulmans se rappellent qu'ils sont sous la protection d'anges puissants qui peuvent, selon la volonté de Dieu, les protéger contre les dommages physiques tels que les maladies ou les blessures, les dommages mentaux et émotionnels tels que l'anxiété et la dépression, et les dommages spirituels qui peuvent résulter de la présence du mal dans leur vie.

Ibn Mas'ud(R.A) rapporte que le Messager de Dieu ﷺ a dit : "Il n'y a aucun d'entre vous qui n'a pas son partenaire parmi les djinns et son partenaire parmi les anges mis à sa charge." Les auditeurs demandèrent : "Cela s'applique-t-il aussi à toi, Messager de Dieu ﷺ ?" Il répondit : "Cela s'applique aussi à moi, mais Dieu m'a aidé contre lui, et il a accepté l'Islam, donc il m'ordonne de ne faire que le bien." (Mishkat al-Masabih ; 67)

Un homme dit à 'Ali ibn Abi Talib(A.S) : "Un groupe de (la tribu de) Murad voulait te tuer". Ali(A.S) a dit : "Avec chaque homme, il y a deux anges qui le protègent de tout ce qui n'est pas décrété ; lorsque le décret vient, ils se retirent et ne se tiennent pas entre lui et lui. La durée de vie décrétée d'un homme est sa protection."

HAMALAT AL-ARSH

Ce sont les anges qui portent le Arsh (Trône) d'Allah(S.W.T) comme mentionné dans le Coran et les Hadiths. "Le ciel se fendra et sera, en ce jour, prêt à s'écrouler, Les Anges seront là, sur ses horizons. Huit d'entre eux, ce jour-là, porteront le Trône de ton Seigneur." (Surah Al-Haqqah, V:16-17)

Ces anges aiment les croyants et recherchent la miséricorde et le pardon pour eux. "Ceux (les Anges) qui portent le Trône et ceux qui l'entourent célèbrent les louanges de leur Seigneur, croient en Lui et implorent le pardon pour ceux qui croient : "Seigneur ! Tu étends sur toute chose Ta miséricorde et Ta science. Pardonne donc à ceux qui se repentent et suivent Ton chemin et protège-les du châtiment de l'Enfer. Seigneur ! Fais-les entrer aux jardins d'Eden que Tu leur as promis, ainsi qu'aux vertueux parmi leurs ancêtres, leurs épouses et leurs descendants, car c'est Toi le Puissant, le Sage. Et préserve-les [du châtiment] des mauvaises actions. Quiconque Tu préserves [du châtiment] des mauvaises actions ce jour-là, Tu lui feras miséricorde." Et c'est là l'énorme succès." (Surah Ghafir, V:7-9)

Le Prophète ﷺ a décrit l'immensité de l'un de ces anges dans un hadith, en disant,

"Il m'a été permis de dire d'un des anges d'Allah qui porte le trône que la distance entre le lobe de son oreille et son épaule est un voyage de sept cents ans." (Sunan Abi Dawud)

FAITS À RETENIR

- On comprendrait la grandeur d'Allah^(S.W.T), Sa puissance et Sa capacité, et Son savoir omniprésent, à partir de la grandeur de Sa création, qui est une preuve confirmant la grandeur du Créateur.

- Les anges sont créés dans le seul but de servir Allah^(S.W.T) et sont faits de "Noor (lumière)". Ils appartiennent à un niveau d'existence au-delà du monde perceptible des phénomènes, appelé "Alam al-ghayb (le monde caché)". Ils peuvent prendre presque n'importe quelle forme, qui semblera réelle à l'œil humain.

- Le Coran mentionne bien que les anges ont des ailes, mais les musulmans ne spéculent pas sur leur apparence exacte. Nous trouvons inapproprié, par exemple, de représenter les anges comme des chérubins assis sur des nuages.

- Lorsqu'un musulman sait qu'il y a des anges qui enregistrent tout ce qu'il dit et fait et que tout ce qu'il fait est soit pour lui, soit retenu contre lui, il aura à cœur d'accomplir de bonnes actions et de s'abstenir de pécher, qu'il soit seul ou en public.

- On se gardera de croire aux superstitions et aux fables.

- On reconnaîtrait la miséricorde d'Allah^(S.W.T) envers Ses esclaves, car Allah a assigné à chaque individu des anges qui le protègent du mal et s'occupent de ses affaires.

JINN

NATURE & ORIGINE

Jinn est un nom collectif arabe dont le sens premier est "se cacher" ou "s'adapter". Certains auteurs interprètent le mot comme signifiant, littéralement, "les êtres qui sont dissimulés aux sens". Comme les anges, les djinns sont aussi des êtres invisibles, et généralement, les humains n'ont pas le pouvoir de les voir ; ils sont donc invisibles à l'œil nu. Ces créations surnaturelles ne peuvent être vues que par les prophètes et les purs esclaves d'Allah[(S.W.T)]. Mais les anges ne désobéissent jamais à Allah ; ils n'ont pas de libre arbitre. Cependant, les djinns vivent sur la terre comme les êtres humains. Il y a des croyants et des incroyants parmi eux. Puisqu'ils ont le libre arbitre, ils sont tenus responsables comme les êtres humains de leurs bonnes et mauvaises actions.

Allah[(S.W.T)] dit dans le Coran,

"Je n'ai créé les djinns et les hommes que pour qu'ils M'adorent." (Surah Al-Dhariyat, V:56)

La création des jinns est mentionnée dans le Coran dans les versets suivants, Allah[(S.W.T)] dit,

"Nous avons créé l'homme d'une argile crissante, extraite d'une boue malléable. Les djinns, Nous les avons créés avant (les hommes) d'un feu ardent." (Surah Al-Hijr, V:26-27)

Le Saint Prophète ﷺ a également dit : " Les anges ont été créés à partir de la lumière et les djinns à partir du feu sans fumée. Et Adam[(A.S)] est né tel qu'il a été défini (dans le Coran) pour vous (c'est-à-dire qu'il est façonné à partir d'argile)." (Sahih Muslim; 2996)

Avant la création du Prophète Adam[(A.S)], les djinns étaient la première création habitant la planète Terre, mais ils ont conduit à des effusions de sang et des affrontements. Abdullah Ibn Umar[(R.A)] déclare ce qui suit:

"Les djinns, appelés Fils de Jaann, étaient dans le monde deux mille ans avant la création du prophète Adam[(A.S)]. Allah a envoyé une armée composée d'anges contre eux parce qu'ils ont semé la zizanie et le chaos dans le monde, versé du sang et commis des meurtres. Ces malfaiteurs, qui ont été punis par les anges, ont sauvé leur vie en se réfugiant sur les îles de la mer."

L'APPARENCE ET LA RÉSIDENCE

La vie des djinns est très semblable à celle des humains ; ils mangent, boivent, se marient et ont des familles. Ils sont créés dans une forme qui peut prendre différentes formes.

Le Messager d'Allah ﷺ a dit : " Les djinns sont de trois types : un type qui a des ailes et qui vole dans les airs ; un type qui ressemble à des serpents et à des chiens ; et un type qui s'arrête pour se reposer puis reprend son voyage." (Al-Tabaraani in al-Kabeer, 22/214)

Comme mentionné dans ce hadith, nous avons appris que certains djinns ont des ailes et peuvent voler dans les airs, certains sont rampants, comme le serpent ou le scorpion, et certains n'ont pas de résidence permanente et se déplacent continuellement d'un endroit à l'autre. Les savants musulmans ont décrit que les endroits couramment utilisés par les djinns pour séjourner sont : les villages, les montagnes et la baie. Et les sites habituels visités par eux, et parfois utilisés comme résidence, sont les toilettes, l'océan, le marché, les toits, les décharges et les tombes. En dehors de ces endroits, ils aiment aussi les zones calmes, comme les vallées, les déserts et les montagnes rocheuses.

Le Messager d'Allah ﷺ a dit : Ces toilettes sont fréquentées par les djinns et les diables. Ainsi, lorsque quelqu'un parmi vous s'y rend, il doit dire : " Je cherche refuge auprès d'Allah contre les diables mâles et femelles." (Sunan Abi Dawud 6)

LEUR NOURRITURE SPÉCIALE

Les djinns et leur règne animal ont des aliments uniques, et les restes de la nourriture des êtres humains sont mangeables pour eux. Une conversation entre le Saint Prophète ﷺ et certains djinns nous donne une idée à ce sujet,

Une députation des djinns est venue voir le Prophète ﷺ et lui a dit : "Ô Prophète Muhammad ﷺ, interdit à ta communauté de se purifier avec un os, du fumier ou du charbon de bois, car en eux Allah$^{(S.W.T)}$ nous a fourni la subsistance." Ainsi, le Prophète ﷺ a interdit aux gens de le faire. (Sunan Abi Dawud 39)

"Ils (les djinns) l'ont interrogé (le Saint Prophète ﷺ) sur leur provision, et il a dit : "Chaque os sur lequel le nom d'Allah est récité est votre provision. Le temps qu'il tombera dans votre main, il serait couvert de chair, et le fumier (des chameaux) est du fourrage pour vos animaux." Le Messager d'Allah ﷺ dit (aux compagnons) : " N'effectuez pas l'istinja (la purification) avec ces (choses), car ce sont les aliments de vos frères (djinns).' (Sahih Muslim ; 450a)

INTERACTIONS HUMAIN-DJINN MENTIONNÉES DANS LE QUR'AN ET LES HADITHS

Puisque l'existence des djinns est définie par le Coran et les Hadiths, les nier portera atteinte à la foi islamique. Les djinns sont mentionnés plusieurs fois dans le Coran ; en fait, il y a un chapitre entier dans celui-ci, nommé "Al-Jinn ; Chapitre/Surah 72".

Comme le révèle le Coran, les djinns doivent également adorer Allah[S.W.T] comme les humains pour leur salut le jour du Jugement. Le but de leur vie n'est pas très différent de celui des humains car Allah[S.W.T] leur a ordonné de faire les mêmes bonnes œuvres que les humains et ils sont censés obéir et adorer Allah Tout-Puissant. Comme chez les humains, il y a deux grandes catégories, les musulmans et les non-musulmans ; de même, chez les djinns, il y a les mêmes deux grandes divisions (musulmans et non-musulmans). Les djinns non-musulmans peuvent également devenir musulmans s'ils s'inspirent de la religion islamique. La chaîne des prophètes et messagers d'Allah[S.W.T] a également guidé les djinns vers l'adoration du seul et unique Dieu, Allah Tout-Puissant.

LE ROYAUME DU PROPHETE SALOMON[A.S]

Parmi les religions précédentes, la principale interaction entre les humains et les djinns décrite dans le Coran se situe à l'époque du prophète Sulaiman[A.S]. Le prophète Dawud[A.S] était un roi sage, et lorsqu'il est décédé, son fils, le prophète Sulaiman[A.S], est devenu roi. Il implora Allah[S.W.T] pour un royaume si grand et si puissant, tel que personne après lui ne l'aurait, et Allah exauça son souhait. En plus de la sagesse, Allah avait béni Sulaiman[A.S] avec de nombreux miracles. Il pouvait contrôler les vents, et en utilisant cette autorité, il pouvait facilement parcourir des distances interminables en un court laps de temps. Il a reçu la connaissance de comprendre et de parler aux oiseaux et aux animaux. Les djinns étaient également sous le commandement de Sulaiman[A.S]. Il était la seule personne à qui Allah avait accordé le pouvoir de contrôler les djinns. Il pouvait les commander, les utiliser à son service et même les faire souffrir en cas de désobéissance.

Un jour, Sulaiman[A.S] avait rassemblé son armée, composée d'humains, d'animaux, d'oiseaux, de djinns et bien sûr, de vent. Les yeux aiguisés de Sulaiman[A.S] remarquèrent l'absence d'un oiseau huppe (hud-hud) dans ce vaste rassemblement. Il a décidé de punir sévèrement ou d'imposer la peine de mort à l'oiseau comme une action non-disciplinaire, mais il a donné à l'oiseau une chance d'expliquer la raison de son absence. Il envoya des signaux dans tout le royaume pour l'appeler, mais il était introuvable.

Finalement, la huppe est venue voir Sulaiman(A.S) et a expliqué la raison de son retard.

" J'ai découvert quelque chose dont vous n'êtes pas au courant. Je suis venu de Saba (Sab'a) avec des nouvelles importantes." Sulaiman(A.S) devint curieux, et sa colère s'apaisa.

L'oiseau poursuit : "Au-delà de la connaissance de Sulaiman(A.S), il y a un royaume nommé Sheba, qui était gouverné par une reine nommée 'Bilqis', qui possédait beaucoup de choses, y compris un trône splendide. Mais malgré toutes ces richesses, Satan est entré dans son cœur et dans celui de son peuple. Elle domine complètement leur esprit. J'ai été choqué d'apprendre qu'ils adorent le soleil au lieu d'Allah, le Tout-Puissant."

Pour vérifier les informations de la huppe, Sulaiman(A.S) envoya une lettre à la reine avec l'oiseau et attendit la réponse. Il demanda à l'oiseau de rester caché et de tout surveiller.

Après avoir lu sa lettre, elle envoya ses hauts fonctionnaires au royaume du prophète Sulaiman(A.S). Ils revinrent et décrivirent à leur reine la massivité de son armée. Au lieu de s'offenser, elle décida de rendre visite au prophète Sulaiman(A.S). Accompagnée de ses fonctionnaires royaux et de ses serviteurs, elle quitta Saba, envoyant un messager en avance pour informer Sulaiman(A.S) qu'elle était en route pour le rencontrer.

Sulaiman(A.S) demanda aux djinns qui l'employaient si quelqu'un parmi eux pouvait apporter son trône à son palais avant son arrivée.

L'un d'eux a dit : "Je vous l'apporterai avant la fin de cette séance."

Sulaiman(A.S) ne réagit pas à cette offre ; il semblait attendre un moyen plus rapide. Les djinns rivalisaient les uns avec les autres pour lui plaire.

L'un d'eux, nommé "Ifrit", dit : "Je vous le rapporterai en un clin d'oeil"

À peine celui-ci, qui avait la connaissance du Livre, eut-il terminé sa phrase que le trône se dressa devant Sulaiman(A.S). La mission avait, en effet, été accomplie en un clin d'œil. Le trône du Prophète Sulaiman(A.S) était en Palestine, et le trône de Bilqis était au Yémen, à deux mille kilomètres de là. Il s'agissait d'un grand miracle accompli par l'un des croyants assis avec le Prophète Sulaiman(A.S).

LE PROPHÈTE MUHAMMAD ﷺ ET LA COMMUNAUTÉ DES DJINNS

Avant l'avènement de l'Islam, les mauvais djinns (Satan) avaient le pouvoir de voyager et d'écouter les nouvelles importantes des anges du ciel visible de ce monde. Ils parviennent à les entendre et à les transmettre à leurs amis. Et quand les anges voient les djinns, ils les attaquent avec des météores. Puis ils racontent ce qu'ils ont entendu, en l'alliant avec des mensonges et en y apportant des ajouts. Mais après la naissance du Prophète Muhammad ﷺ et la propagation de l'Islam, les djinns étaient incapables d'entendre un infime détail des nouvelles venant des cieux. Les anges des cieux ont commencé à les bombarder de météores lorsqu'ils venaient se faufiler. Un compagnon, Ibn Abbas(R.A), a raconté un hadith, décrivant cet événement et la révélation de la sourate Jinn:

Le messager d'Allah ﷺ sortit avec un groupe de ses compagnons vers le marché de `Ukaz. À ce moment-là, quelque chose s'interposa entre les diables et les nouvelles du Paradis, et des flammes furent envoyées sur eux, si bien que les diables revinrent. Leurs compagnons démoniaques dirent : "Qu'est-ce qui ne va pas chez vous ? "Ils répondirent : "Quelque chose s'est interposé entre nous et la nouvelle du Ciel, et des feux (des flammes) ont été lancés sur nous." Leurs compagnons démoniaques dirent : "Rien ne s'est interposé entre vous et les nouvelles du Ciel, mais un événement important s'est produit. Par conséquent, voyagez dans le monde entier, à l'est et à l'ouest, et essayez de découvrir ce qui s'est passé." Ils se mirent donc en route et parcoururent le monde entier, d'est en ouest, à la recherche de cette chose qui s'interposait entre eux et la nouvelle du Ciel. Ceux des diables qui s'étaient mis en route vers Tihama se rendirent auprès du Messager d'Allah (ﷺ) à Nakhla (un endroit entre La Mecque et Taif) alors qu'il se rendait au marché d'Ukaz. (Ils l'ont rencontré) alors qu'il offrait la prière du Fajr avec ses compagnons. Lorsqu'ils entendirent le Saint Coran être récité (par le Messager d'Allah ﷺ), ils l'écoutèrent et se dirent (entre eux). Voilà ce qui s'est interposé entre vous et la nouvelle des cieux." Puis ils retournèrent vers leur peuple et dirent : "Ô notre peuple ! Nous avons vraiment entendu un merveilleux récital (Coran). Il oriente vers le droit, et nous y avons cru. Nous ne joindrons en adoration, personne à notre Seigneur." Puis Allah(S.W.T) révéla à Son Prophète ﷺ (c'est-à-dire la Sourate al-Jinn). (Bukhari 4921)

A cette époque, Allah(S.W.T) a révélé les versets suivants du Chapitre/Surah Jinn,

"Dis : "Il m'a été révélé qu'un groupe de djinns prêtèrent l'oreille, puis dirent : "Nous avons certes entendu une Lecture [le Coran] merveilleuse, qui guide vers la droiture. Nous y avons cru, et nous n'associerons jamais personne à notre Seigneur. "
[Surah Jinn; V :1-2]

Il y a un autre Hadith qui nous parle des interactions du Messager d'Allah ﷺ avec la communauté des djinns, et de leur prêcher l'islam,

Ibn Masood(R.A) a raconté que nous étions en compagnie du Messager d'Allah ﷺ une nuit et qu'il nous manquait. Nous l'avons cherché dans les vallées et les collines et avons dit : "Il a été emporté (par les djinns) ou a été tué secrètement". Il (le narrateur) dit : "Nous avons passé la pire nuit que des gens puissent passer. A l'aube, nous l'avons vu arriver du côté de Hiri'." Il (le narrateur) a rapporté : "Nous avons dit : 'Messager d'Allah, tu nous as manqué et nous t'avons cherché, mais nous n'avons pas pu te trouver et nous avons passé la pire nuit que les gens puissent passer'. Il (le Saint Prophète ﷺ) a dit : "Il est venu à moi un invitant de la part des djinns, je l'ai accompagné et je leur ai récité le Coran". Il (le narrateur) a dit : "Il nous accompagna ensuite et nous montra leurs traces et les traces de leurs braises. Ils (les djinns) l'ont interrogé (le Saint Prophète ﷺ) sur leur provision, et il a dit : 'Tout os sur lequel le nom d'Allah est récité est votre provision. Le temps qu'il tombera dans votre main, il serait couvert de chair, et le fumier (des chameaux) est du fourrage pour vos animaux." Le Messager d'Allah ﷺ a dit : " Ne faites pas d'istinja (purification) avec ces (choses) car ce sont les aliments de vos frères (djinns)." (Sahih Muslim 450a)

INTERACTIONS DES DJINNS AVEC DES PERSONNES AUTRES QUE LES PROPHÈTES(A.S)

Mère des croyants, Syeda Ai'sha(R.A) a dit : "Le Messager d'Allah ﷺ a raconté une histoire à ses femmes un soir, et l'une d'entre elles a dit : "On dirait une fable de Khurafa !" Il a dit : "Savez-vous ce que cela signifie ? Khurafa était un homme de [la tribu yéménite de] Udhra. Les djinns l'ont capturé à l'époque païenne [al-jahiliyya], il est donc resté avec eux pendant un long moment, puis ils l'ont rendu à son peuple. Il avait l'habitude de raconter aux gens les merveilles qu'il voyait parmi eux, alors les gens disaient : "La fable de Khurafa.'" (Ash-Shama'il Al-Muhammadiyah, 251)

Comme les êtres humains ne peuvent pas voir les djinns, nous devons prendre des mesures de protection conformément aux enseignements de l'Islam pour nous préserver de l'atteinte des mauvais esprits qui les habitent.

Comme l'a raconté Jabir ibn Abdullah(R.A) : Le Prophète ﷺ a dit : " Ne sortez pas souvent après que la nuit soit calme. Allah a des animaux qu'il fait sortir. Quiconque entend l'aboiement d'un chien ou le braiment d'un âne doit chercher refuge auprès d'Allah contre le maudit Shaytan.Ils voient ce que vous ne voyez pas." (Al-Adab Al-Mufrad)

AbuSa'id al-Khudri(R.A) a raconté : Le Messager d'Allah ﷺ a dit : "Certains serpents sont des djinns ; ainsi, lorsque quelqu'un en voit un dans sa maison, il doit l'avertir trois fois. S'il revient (après cela), il doit le tuer, car c'est un diable. " (Sunan Abi Dawud, 5256)

IBLESS / SATAN ET LES DJINNS DU MAL

Lorsqu'Allah(S.W.T) décida de créer un être humain, un être qui surpasserait en connaissances toutes les autres créatures précédentes, Il demanda à ses anges de ramasser de l'argile sur la Terre. Les anges obéissants ramassèrent de l'argile, et Allah(S.W.T) en fit une figure ressemblant à un homme et le nomma Adam(A.S). Mais la figure n'a pas bougé pendant quarante longues années. Elle est restée immobile. Lorsque Iblees, un djinn, qui était comme un professeur des Anges à cette époque, vit cette figure, il fut confus et effrayé.

Après quarante ans, Allah(S.W.T) a insufflé l'esprit à Adam(A.S). Il a donné à Adam(A.S) une vaste connaissance des choses présentes dans l'univers entier. Puis Il demanda à tous les Anges, y compris Iblees, de se prosterner devant Adam(A.S) en signe de respect. Un par un, tous les Anges se sont prosternés devant le Prophète, à l'exception de Iblees. La prosternation, dans ce contexte, ne signifie pas une adoration mais un acte de respect. Dans certaines religions antérieures, il était permis de se prosterner en signe de respect pour les humains ; on trouve un exemple similaire dans la sourate Yusuf(A.S), où le Prophète Yaqoob (A.S), sa femme et ses onze enfants s'agenouillent devant le Prophète Yusuf(A.S).

"Et lorsque Nous dîmes aux Anges : "Prosternez-vous devant Adam !". Ils se prosternèrent, excepté Iblîs [Satan] qui était du nombre des djinns et qui se révolta contre le commandement de son Seigneur."
(Surah Kahf, V:50)

Iblees disait qu'il était meilleur et supérieur au Prophète, et qu'il était fait de feu. Il ne comprenait pas la volonté d'Allah et refusait d'obéir aux ordres d'Allah. Allah(S.W.T) s'est mis en colère contre cette désobéissance. Alors, il a banni Iblees du paradis. Il était désormais un paria. À partir de ce jour, Iblees a été appelé "le Satan/Shaïtaan" et sera jeté en enfer le jour du jugement. Shaitaan était maintenant furieux contre les humains car il avait été banni du paradis à cause d'eux. Il a juré de se venger en trompant les humains dans la voie d'Allah. Allah(S.W.T) lui donna une période de temps jusqu'au jour du jugement et lui dit qu'il ne pouvait pas tromper un vrai serviteur d'Allah. Toute cette conservation est décrite très clairement dans le Coran ;

Alors [Allah] dit : "Ô Iblis ! Pourquoi n'es-tu pas au nombre des prosternés?"
Il dit : "Je ne puis me prosterner devant un homme que Tu as créé d'argile crissante, extraite d'une boue malléable."

Et [Allah] dit : "Sors de là [du Paradis], car te voilà banni !
Et la malédiction sur toi, jusqu'au Jour de la Rétribution !"
Il dit : "Seigneur ! Donne-moi donc un délai jusqu'au jour où ils (les gens) seront ressuscités !"
[Allah] dit : "Tu es de ceux à qui ce délai est accordé, jusqu'au jour de l'instant connu [d'Allah]."
Il dit : "Ô mon Seigneur ! Parce que Tu m'as induit en erreur, eh bien je leur enjoliverai la vie sur terre et les égarerai tous, à l'exception, parmi eux, de Tes serviteurs élus."
"[Allah] dit : "Voici une voie droite [qui mène] vers Moi. Sur Mes serviteurs tu n'auras aucune autorité, excepté sur celui qui te suivra parmi les dévoyés. Et l'Enfer sera sûrement leur lieu de rendez-vous à tous."
"Certes, les pieux seront dans des jardins avec des sources. "
(Surah Al-Hijr, 32-45)

INTENTION & PIÈGE DE SATAN MENTIONNÉS DANS LE QUR'AN & HADITHS

"Puisque Tu m'as induit en erreur, dit [Satan], je m'assoirai pour eux sur Ton droit chemin, puis je les assaillirai de devant, de derrière, de leur droite et de leur gauche. Et, pour la plupart, Tu ne les trouveras pas reconnaissants."
(Surah Al-A'raf, 16-17)

"Ô hommes ! La promesse d'Allah est vérité. Ne laissez pas la vie présente vous tromper, et que le grand trompeur (Satan) ne vous trompe pas à propos d'Allah. Le Diable (Satan) est pour vous un ennemi. Prenez-le donc pour un ennemi. Il ne fait qu'appeler ses partisans pour qu'ils soient des gens de la Fournaise." (Surah Fatir, 5-6)

Comme les versets du Coran nous mettent en garde contre les desseins maléfiques de Satan et de ses partisans, nous devrions reconnaître cette menace et avancer vers les conseils donnés par Allah Tout-Puissant et le Messager d'Allah ﷺ pour sauver nos croyances islamiques.

Abu Dharr(R.A) a raconté:

"Je suis entré dans le Masjid, et le Messager d'Allah ﷺ était là, alors je suis venu et me suis assis devant lui, et il a dit : "Ô Abu Dharr, cherche refuge auprès d'Allah contre les maux des démons parmi les djinns et les humains. J'ai dit : "Y a-t-il des démons parmi les humains ?" Il a répondu : "Oui"" (Sunan an-Nasa'I, 5507)

Les djinns ont le pouvoir de nous voir, mais nous (les humains) ne pouvons pas les voir. Les non-croyants parmi les djinns, les partisans ou les soldats de Satan, essaient de nous égarer et de nous éloigner du souvenir d'Allah (S.W.T).

Allah(S.W.T) nous a déjà parlé de cela dans le chapitre Al-Araf, verset 27:

"Ô enfants d'Adam ! Que le Diable ne vous tente point, comme il a fait sortir du Paradis vos père et mère, leur arrachant leur vêtement pour leur rendre visibles leurs nudités. Il vous voit, lui et ses suppôts, d'où vous ne les voyez pas. Nous avons désigné les diables (les démons) pour alliés à ceux qui ne croient point." (Sura Al-Araf, verse 27)

Le verset ci-dessus indique clairement que les djinns ont le pouvoir de voir les humains et de prendre possession des humains. La seule façon de se protéger des êtres maléfiques est de marcher dans le chemin qu'Allah et Son messager ﷺ nous ont montré et de suivre les enseignements du Coran, de la Sunna et des Hadiths.

LES TROMPERIES COURANTES DE SATAN

Incrédulité à l'égard de l'unicité d'Allah:

Le fondement de l'islam est la croyance au Tawhid, l'unicité d'Allah, qui n'a ni partenaire, ni égal, ni fils, ni rival. À l'inverse, le plus grand péché est d'attribuer des partenaires ou des égaux à Allah, par exemple en dirigeant l'adoration vers d'autres qu'Allah, en déléguant les attributs d'Allah à d'autres objets ou êtres (par exemple, des idoles ou des porte-bonheur), en prétendant qu'Allah a un fils, une mère ou tout autre partenaire, etc. Ainsi, tenter l'humanité dans le Shirk est le principal objectif de Satan. De telles croyances contredisent le fait qu'Allah seul a le pouvoir et la connaissance de toute chose et qu'il est le seul à pouvoir apporter le bien ou le mal.

L'innovation dans la religion:

Satan attirera une personne à inventer des croyances et des pratiques erronées dans l'Islam qui n'ont été ordonnées ni par Allah(S.W.T) ni par le Prophète Muhammad ﷺ. C'est un grand danger pour la foi d'un musulman, car les personnes qui suivent les innovations croient que leurs actes sont acceptés, alors qu'en réalité, elles commettent un péché. Ces innovateurs ne ressentiront aucun besoin de se repentir, car ils ne reconnaissent pas leur faute.

La déception progressive de la négligence des actes obligatoires:

Allah^(S.W.T) a rendu certaines actions obligatoires pour chaque musulman, la plus régulière étant les cinq prières quotidiennes, c'est-à-dire la Salah. Satan cherche à nous faire négliger les prières et les autres bonnes actions, nous éloignant ainsi du souvenir d'Allah et de son Prophète ﷺ.

"Le Diable (Satan) ne veut que jeter parmi vous, à travers le vin et le jeu de hasard, l'inimitié et la haine, et vous détourner d'invoquer Allah et de la prière (Aṣ-Ṣalāt). Allez-vous donc y mettre fin?"
(Surah Al-Ma'idah, V:91)

La tromperie graduelle est utilisée de nombreuses façons. Par exemple, Satan trompe les gens pour qu'ils désirent cesser leurs actes religieux obligatoires. Dans un premier temps, il convainc les gens de renoncer à leurs actes d'adoration facultatifs, ce qui les amène à devenir paresseux avec les actes obligatoires. Il tente également de banaliser les petits péchés, les entraînant sur une pente glissante vers les péchés majeurs.

Embellir les mauvaises actions et susciter les désirs:

"et le Diable (Satan) enjolivait à leurs yeux ce qu'ils faisaient." (Surah An'am, 43)

Satan pousse les gens à commettre des actes interdits au lieu de ceux qui sont autorisés en présentant les péchés de manière attrayante, comme la musique au lieu du Coran, les revenus haram au lieu des revenus halal, et le petit pourcentage de nourriture et de boissons interdites au lieu de la grande majorité qui est saine et pure.

Satan joue sur les désirs et les tentations de l'homme, et le convainc de s'adonner à une satisfaction instantanée sans réfléchir aux conséquences. Cela conduit inévitablement au regret et à l'humiliation, que ce soit dans cette vie ou au jour du Jugement.

"Et quiconque prend le Diable (Satan) pour allié au lieu d'Allah, sera, certes, voué à une perte évidente. Il leur fait des promesses et leur donne de faux espoirs. Et le Diable (Satan) ne leur fait que des promesses trompeuses." (Surah An-Nisa, V:119-120)

Ignorer les droits des personnes qui nous entourent:

Chaque musulman a des droits qu'il doit aux autres croyants et à l'humanité, et chaque âme a des droits sur une autre. Satan nous fait souvent oublier l'importance de ces droits et nous fait croire que puisque nous faisons nos prières etc. régulièrement, tout ira bien pour nous ; négligeant le devoir d'être gentil avec nos parents, d'aider nos voisins, les pauvres et les orphelins, de visiter les malades, de ne blesser personne par nos paroles ou nos actions etc.

Une fois, on a demandé au Prophète Muhammad ﷺ : " Ô Messager d'Allah ! Une certaine femme prie la nuit, jeûne le jour, fait des actions pieuses et donne la charité, mais elle blesse et fait mal à ses voisins avec sa langue." Le Messager d'Allah ﷺ a dit : "Il n'y a pas de bien en elle. Elle ira au feu." Les Sahaba ont dit : "Une autre femme ne prie que les prières prescrites et donne très peu en charité et ne blesse personne. Ses voisins sont heureux de son attitude." Le Messager d'Allah ﷺ a dit : " Elle fait partie des gens du Paradis." [Bukhari in Al-Adabul Mufrad]

Qu'Allah(S.W.T) nous guide pour comprendre l'importance de Haqooq-ul Ibaad (les droits du peuple) afin que nous puissions nous acquitter de nos devoirs avec la même ferveur que nous essayons d'accomplir Haqooq Allah (les droits d'Allah) (Aameen).

SE PROTÉGER DE LA TROMPERIE DE SATAN

Chercher le refuge d'Allah(S.W.T):

Nous devons demander à Allah sa protection et nous en remettre à Lui seul pour être aidé et protégé de Satan. Les sourates Al-Falaq et An-Nas du Coran peuvent être récitées régulièrement. Nous devons réaliser que Satan ne cessera jamais de tenter de nous tromper tant que nous sommes en vie. Nous devons toujours être sur nos gardes et demander constamment à Allah de nous guider et de nous protéger.

"Et si jamais le Diable (Satan) t'incite à faire le mal, alors cherche refuge auprès d'Allah. Certes, Il entend, et sait tout. Ceux qui pratiquent la piété, lorsqu'une suggestion du Diable (Satan) les touche se rappellent [du châtiment d'Allah], et les voilà redevenus clairvoyants." (Surah Al-A'raf, V:200-201)

Il est raconté que le Messager d'Allah ﷺ avait l'habitude de chercher refuge contre le mauvais œil des djinns et des hommes. Lorsque les versets du refuge (sourate Al-Falaq & An-Nas) ont été révélés, il a commencé à les réciter et a cessé de réciter toute autre chose." (Sunan Ibn Majah, Book 31, Hadith 76)

Rechercher le pardon:

Si nous succombons aux complots de Satan, par la grâce et la miséricorde d'Allah(S.W.T), nous avons encore la possibilité de rectifier nos erreurs en reconnaissant nos méfaits et en nous repentant à Allah.

Le Prophète (paix et bénédictions d'Allah soient sur lui) a dit : "Satan a dit au Seigneur de la Gloire : "Par Ta Gloire, Seigneur, je continuerai à essayer d'égarer Tes esclaves tant que leurs âmes seront dans leurs corps". Le Seigneur répondit : 'Par Ma Gloire et Ma Majesté, je continuerai à leur pardonner tant qu'ils demanderont Mon pardon'." (Ahmad)

Pour que le repentir soit accepté, il doit être sincère, avec l'intention de ne plus jamais commettre ce même péché. Le Saint Prophète ﷺ a dit : " Celui qui se repent d'un péché est comme celui qui n'en a pas commis." (Ibn Majah)

Évitez les environnements pécheurs et gardez de bonnes fréquentations :

La compagnie que vous fréquentez influence fortement vos décisions et vos actions. Les bons compagnons vous rappelleront Allah et vous encourageront à faire le bien, tandis qu'une mauvaise compagnie vous conduira dans les bras de Satan. Nous devons donc nous éloigner de tout ce qui peut conduire au péché.

"Accepte ce qu'on t'offre de raisonnable, commande ce qui est convenable et éloigne-toi des ignorants."
(Surah Al-A'raf, V:199)

Le Messager d'Allah ﷺ a conseillé : "Une personne est sur le chemin de son ami proche, alors faites attention à qui vous vous liez d'amitié." (Tirmidhi)

Continuez à faire de bonnes actions et soyez humble envers Allah :

En augmentant la fréquence de nos bonnes actions et en nous occupant à acquérir la connaissance du Coran et des Hadiths, cela constitue une excellente protection contre Satan. Si l'on occupe son temps à faire le bien toute la journée, on est moins susceptible d'être influencé par les ruses de Satan. Nous devrions toujours nous rappeler que Satan était un paria à cause de son arrogance, alors peu importe à quel point nous devenons pieux, nous devrions toujours être humbles envers Allah Tout-Puissant et garder à l'esprit que toutes nos actions ne sont acceptables que par la volonté d'Allah(S.W.T).

Le jour du Jugement, Satan confessera ses péchés et ses méfaits. Il déclarera devant toute la création qu'Allah(S.W.T) est celui qui dit la vérité et qu'il (Satan) est un menteur.

Nous demandons à Allah le Tout-Puissant, par Ses plus beaux Noms et Ses Attributs sublimes, de pardonner nos péchés et de nous accorder un refuge contre les pièges de Satan.

AMEEN

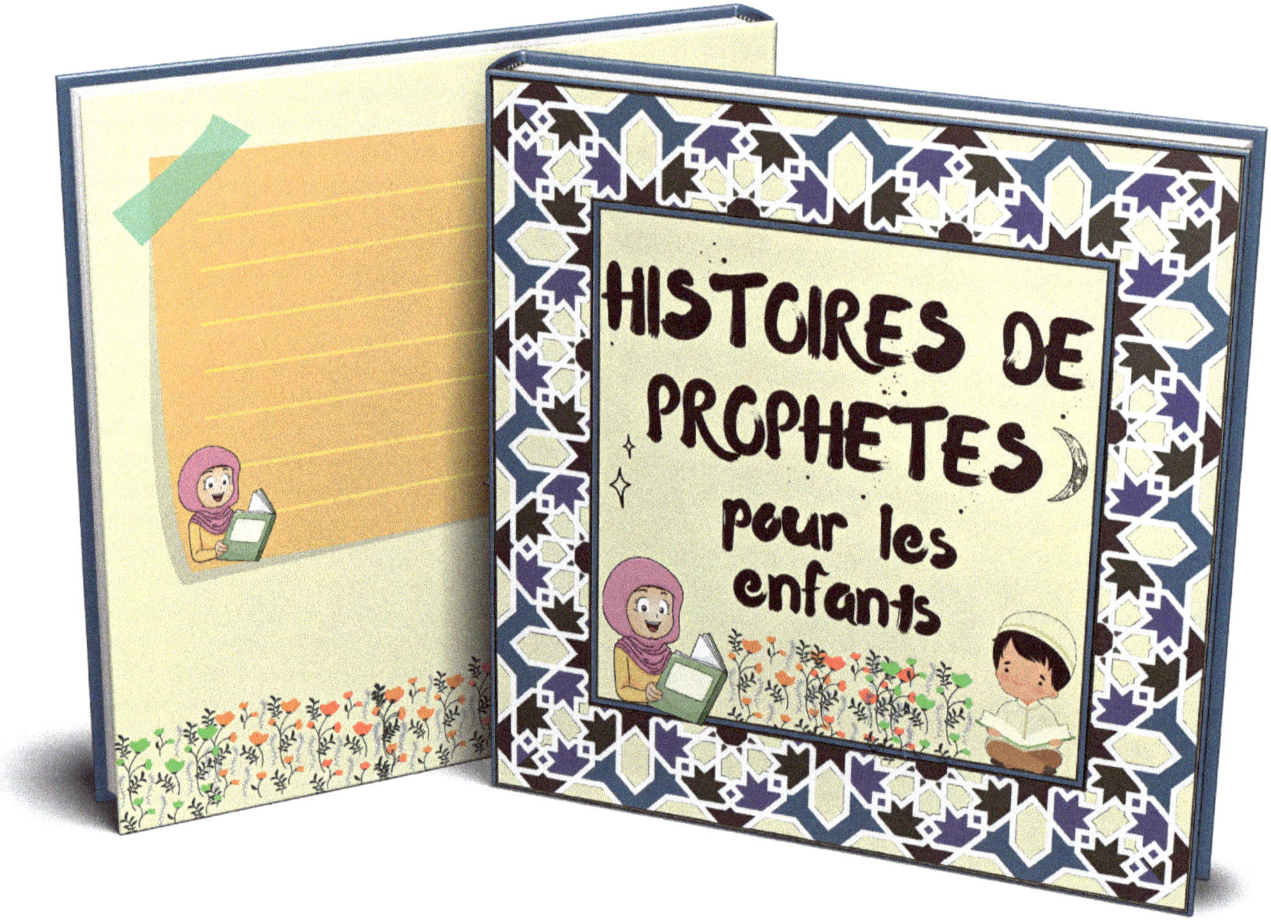

HISTOIRES DE PROPHETES
pour les enfants

ISBN 978-1-990544-51-4

*Recherche de l'ISBN sur le site web du détaillant

Pages Couleur Premium Couverture Rigide

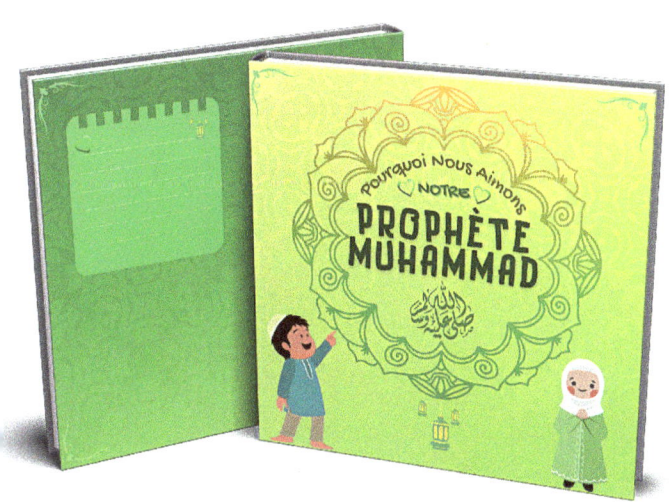

ISBN 978-1-990544-53-8

ISBN 978-1-990544-52-1

ISBN 978-1-990544-54-5

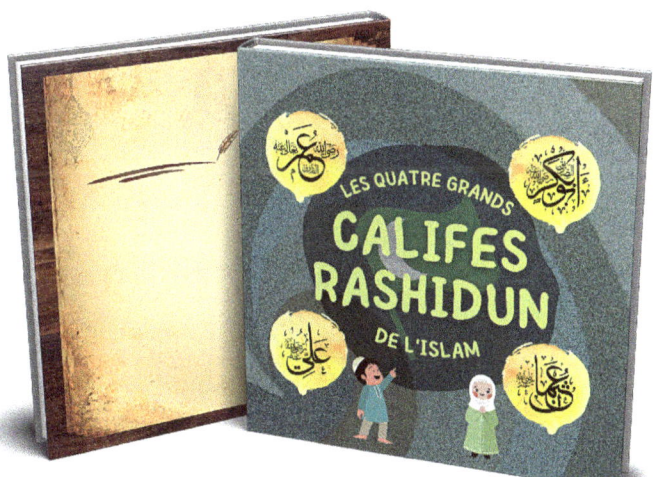

ISBN 978-1-990544-55-2

*Suche nach der ISBN auf der Website des Händlers

www.ingramcontent.com/pod-product-compliance
Lightning Source LLC
Chambersburg PA
CBHW041528120626

46551CB00018B/2618